우당탕 동물 농장의
그림 한자

내 친구 한자툰 ❸ 동물

우당탕 동물 농장의 그림 한자

초판 1쇄 발행 2014년 2월 3일 | **초판 5쇄 발행** 2022년 2월 14일
글 벼리 강(綱) | **그림** 이창우 | **감수** 임완혁
펴낸이 김경택 | **편집책임** 최영선 | **편집** 정현수
디자인책임 차승미 | **디자인** 윤미수 이혜진 박은영
사진 토픽이미지 이미지클릭 프리피아(blog.naver.com/duck1044)
제작 박천복 김태근 고형서 | **마케팅** 윤병일 박유진 | **홍보디자인** 최진주
펴낸곳 (주)그레이트북스 | **등록** 2003년 9월 19일 제 313-2003-000311호
주소 서울시 구로구 디지털로31길 20 에이스테크노타워5차 12층
대표번호 (02) 6711-8676 | **홈페이지** www.greatbooks.co.kr

우당탕 동물 농장의 그림 한자

글 벼리 강(綱) | **그림** 이창우 | **감수** 임완혁(영남대 한문교육과 교수)

그레이트 BOOKS

자유로운 상상의 나래를 펼치며
한자, 그 너머를 배우다!

누구나 한자를 배워야 한다는 데 공감하지만 막상 제대로 익히는 일은
쉽지 않습니다. 그런 면에서 〈내 친구 한자툰〉은 아이들의 눈높이에 맞춘
신선한 접근으로 눈길을 끕니다.

유쾌함과 즐거움이 넘칩니다. 재치 있는 소재, 화면 가득한 그림,
참신한 구성으로 엮인 한자의 파노라마가 흥미진진하게 펼쳐집니다.
자연스럽게 한자를 익힐 수 있습니다. 그림에서 출발한 한자의 특징과
기억이 용이한 그림의 장점을 결합하여 한자를 그냥 외우는 것이 아니라
제대로 알고 익히게 해 줍니다.
효율적이고 바람직한 한자 학습의 예를 보여 줍니다. 한자의 구성 요소인
모양, 소리, 뜻을 종합적으로 이해하고 자연스럽게 습득하도록 했습니다.
나아가 일상생활에서 쓰이는 한자의 예를 덧붙여 언어로서의 활용도를
높였습니다.

더불어 문화적 감수성과 개방된 사고, 인문적 사유를 키우면서 한자 학습을
즐길 수 있도록 배려한 점이 돋보입니다. 〈내 친구 한자툰〉은 학습 부담을
최소화하면서도 자연스러운 학습 과정을 통해 한자의 세계를 열어 줍니다.
이 책을 통해 아이들이 한자는 물론 그 이상의 가치를 배우길 기대합니다.

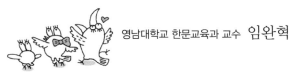

영남대학교 한문교육과 교수 임완혁

이미지 리마인드 시스템
Image Re-Mind System

한자를 보면 그림이 바로 떠오르는
새로운 한자 학습법입니다. 한자를 그림으로
떠올리면 한자의 뜻은 저절로 따라옵니다.

우리 복병! 납작
엎드린 채 몸을 숨기고
적을 기다린다. 실시!

伏兵
복병

犬
개 견

伏
엎드릴 복

❸ 단계
한자어로 응용

한자가 들어가는 어휘를
그림으로 익힙니다.

❶ 단계
어미자로 출발

간단한 한자가 어떤 사물의
모양을 본떠 만들어졌는지
그림으로 알아봅니다.

❷ 단계
가족자로 확장

간단한 한자에 다른 글자가
더해져 복잡해진 한자도
그림으로 쉽게 이해합니다.

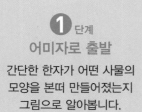

내친구 한자툰이 특별한 5가지 이유

01 간단한 한자 1개로
복잡한 한자 10개를 잡아요

정말?

처음에 한자는 牛(소 우)처럼 사물의 모양을 본뜬 간단한
글자(어미자)부터 만들어졌어요. 그 뒤 간단한 글자(어미자)에
다른 글자를 더해 새로운 뜻의 복잡한 글자(가족자)들이
생겨났어요. 소 머리를 본떠 만든 牛(소 우)에
뿔(角)과 칼(刀)이 더해지면 解(가를 해)
가 되지요. 〈내 친구 한자툰〉은
한자가 만들어지는 이 같은 원리
를 통해 牛(소 우)처럼 간단한
한자 1개로 解(가를 해)처럼
복잡한 한자 10개를 익히는
쉬운 방법을 알려 줘요.

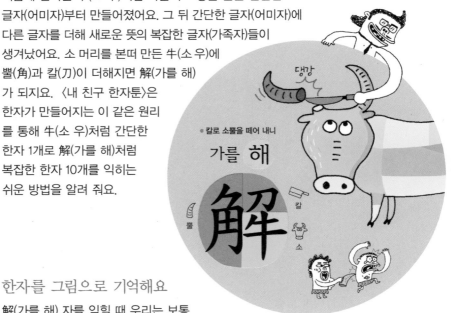

댕강

● 칼로 소뿔을 떼어 내니

가를 해

解

뿔   칼

소

02 한자를 그림으로 기억해요

解(가를 해) 자를 익힐 때 우리는 보통
'解'라는 모양, '가르다'라는 뜻, '해'라는 소리를 따로
외워 왔어요. 하지만 解(가를 해)를 보고, 소의 뿔을 잘라 내는
장면을 떠올릴 수 있다면 어렵지 않게 한자의 모양과 뜻을 알 수
있어요. 〈내 친구 한자툰〉은 한자 자체를 한 편의 그림으로 풀어서
한자의 뜻과 모양을 종합적으로 이해하며 기억할 수 있게 했어요.

한자야?
그림이야?

03 어휘력이 풍부해져요

우리말의 70%는 한자어! 특히 국어, 사회, 수학, 과학 등의 교과서에
나오는 학습어 대부분이 한자어예요. 그래서 한자를 아는 아이들과 모르는
아이들은 교과 이해도에서 크게 차이가 나지요. 〈내 친구 한자툰〉은 한자를
익히는 데서 끝나지 않고, 어휘와 연결해 실제로 활용할 수 있게 도와줘요.

04 옛사람들의 생활이 보여요

한자에는 옛사람들의 삶과 문화가 배어 있어요. 옛날에는
바다에서 그물로 잡는 특별한 조개를 돈으로 사용했어요.
이런 문화 속에서 나온 글자가 貧(가난할 빈) 자예요. 당시
문화를 모르면 '貧'이 어쩌다 '가난하다'란 뜻으로 쓰이게
되었는지 이해할 수 없지요. 〈내 친구 한자툰〉은 옛사람들의
생활 속에서 한자를 깊이 있게 이해하도록 도와줘요.

05 웃다 보면 저절로 한자 공부가 돼요

〈내 친구 한자툰〉은 재미있어요. 숲에서 잡혀 온 멍도그,
아낌없이 다 주는 착하냥 등 엉뚱한 동물 한자
친구들을 만나며 깔깔 웃다 보면 어느새
한자가 쏙쏙, 저절로 기억될 거예요.

차례

우당탕 동물 농장!
다 함께 출발~

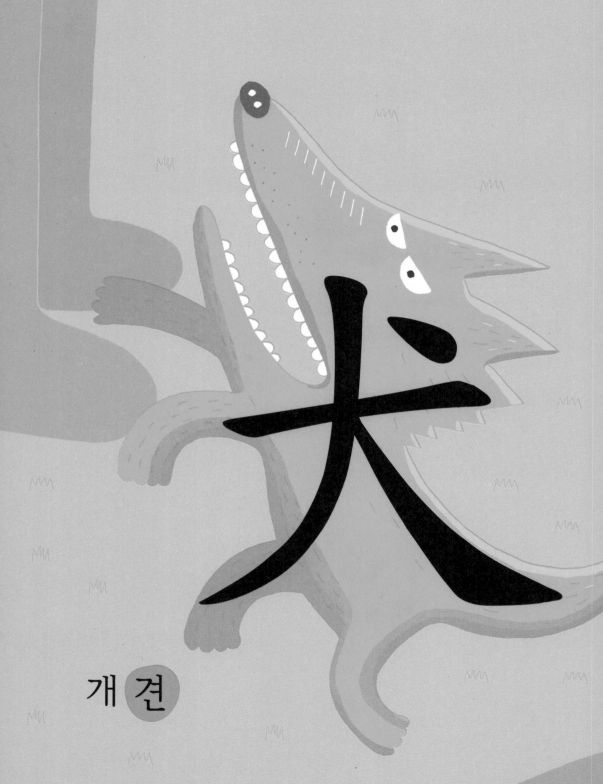

개 견

짐승이야, 개야?

개를 뜻하는 犬(개 견) 자는 몸통에
머리, 다리, 꼬리가 달린 모양으로 만들어졌어.

犬(개 견) 자는 다른 글자 속에서 짐승이나
개를 뜻해. 이 글자들을 보면 짐승의 하나였던
개가 어떻게 사람과 가까워졌는지 알 수 있어.

01 • 숲에 사는 짐승
突 돌
獸 수

02 • 길들여진 개
犯 범
伏 복

03 • 충성스런 개
器 기
獲 획

숲에 사는 짐승

처음부터 개가 사람과 함께 산 것은 아니야. 옛날에는 그저 숲에서
흔히 볼 수 있는 짐승이었지. 그래서 犬(개 견)은 개뿐만 아니라
개와 비슷하게 생긴 짐승 전체를 뜻하는 글자로 쓰였어.

● 동굴에서 짐승이 튀어나오니

갑자기 돌

突

동굴

짐승

이런 못된
짐승! 갑자기
튀어나오다니.

끄악!
깜짝이야

엄마야

13

슈퍼도그의 어긋난 돌진(突進)

- **돌진** (突 갑자기 돌 + 進 나아갈 진) 세찬 기세로 거침없이 곧장 나아감.
- **돌발** (突 갑자기 돌 + 發 일어날 발) 뜻밖의 일이 갑자기 일어남.

금수(禽獸)가 아니래

• **금수 (禽** 날짐승 금 **+ 獸** 짐승 수) 날짐승과 길짐승을 합친 모든 짐승.
  행실이 아주 더럽고 나쁜 사람을 비유적으로 이르는 말.

특별 훈련을 받다

사람들은 산에서 여러 종류의 짐승을 잡아다 길렀어. 그중 개는
여느 짐승과 달리 사람을 잘 따르고, 말도 곧잘 알아들었지.
사람들은 개가 주인의 명령을 따르도록 특별한 훈련을 시켰어.

범법(犯法)을 부르는 짝꿍법

- **범법** (犯 범할 범 + 法 법 법) 법을 어김.
- **침범** (侵 침노할 침 + 犯 범할 범) 남의 땅이나 지역에 제 마음대로 들어가 해를 끼치는 것.

진정한 **복병**(伏兵)이지 말입니다

- **복병** (伏 엎드릴 복 + 兵 군사 병) 적을 기습하기 위하여
  적이 지날 만한 길목에 군사를 숨기는 일 또는 엎드려 숨은 군사.
- **항복** (降 항복할 항 + 伏 엎드릴 복) 적이나 상대편의 힘에 눌리어 굴복함.

집을 지키고, 사냥감을 찾고

훈련된 개는 쓸모가 많았어. 귀한 물건 앞에 세워 두면 낯선 그림자만 보여도
컹컹 짖어 도둑이 얼씬 못하게 했어. 사냥할 때 데려가면 냄새 잘 맡는 코로
사냥감을 뚝딱 찾아냈지. 애써 훈련시킨 보람이 있지 뭐야.

20

빠지직! 기물(器物) 파손

아이 좋아! 내 소중한 기물, 도토리 그릇.

쿵쿵쿵

빠직!

내 기물이 산산조각 났잖아!

귀여운 척하지 말고, 어서 물어내~

엇! 실수 미…안…해…

• **기물** (器 그릇 기 + 物 사물 물) 살림살이에 쓰는 그릇.
• **제기** (祭 제사 제 + 器 그릇 기) 제사에 쓰는 그릇.

수중 특공대의 **어획**(漁獲) 작전

- **어획** (漁 고기 잡을 어 + 獲 얻을 획) 물고기나 조개 따위의 수산물을 잡거나 채취함.
- **포획** (捕 사로잡을 포 + 獲 얻을 획) 적병을 사로잡음. 짐승이나 물고기를 잡음.
- **획득** (獲 얻을 획 + 得 얻을 득) 얻어 내거나 얻어 가짐.

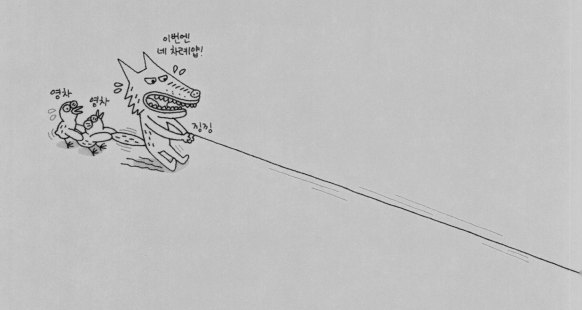

나한테 왜 이래?

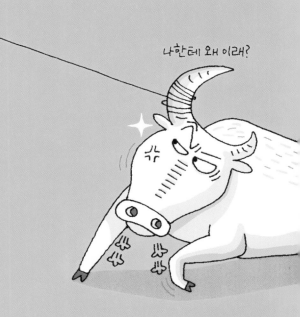

사나운 소를 길들여라!

날카로운 뿔이 솟아 있는 소머리를 본떠
소를 뜻하는 牛(소 우) 자를 만들었어.

생김새만큼이나 사나운 소를 사람들은
애써서 길들였어. 왜 그랬을까?
牛(소 우)를 넣어 만든 글자를 보면
소를 길들인 방법과 까닭을 알 수 있어.

01 • 길들이다
牧 목
牽 견
牢 뢰

02 • 제물로 올리다
牲 생
告 고

03 • 조각내다
半 반
解 해

소 우

소를 길들이는 방법

삐쭉 솟은 뿔에 덩치까지 큰 소를 길들이는 건 보통 일이 아니야.
뿔에 받히거나 발에 밟히기라도 하는 날에는 목숨을 잃을 수도 있어.
옛사람들은 사나운 소를 어떻게 길들였을까?

● 소를 막대로 치며 길들이니

기를 **목**

牧

소

막대+손
(치다)

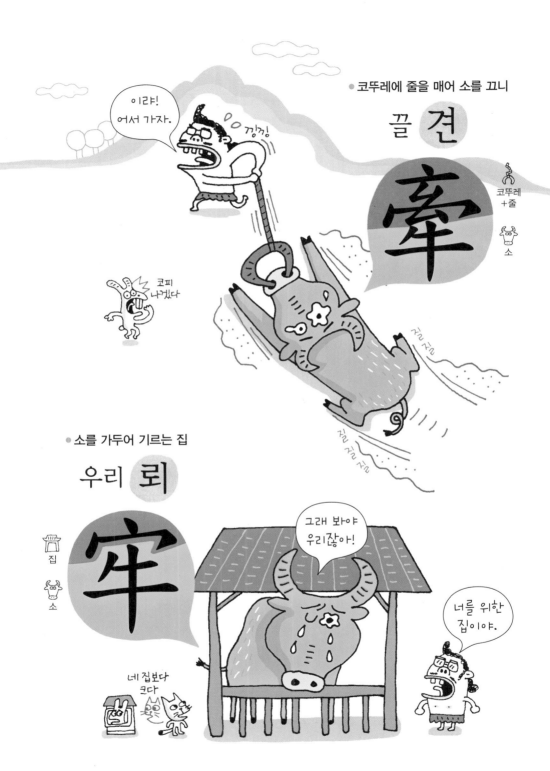

- **방목** (放 놓을 방 + 牧 기를 목) 가축을 놓아기르는 일.
- **목장** (牧 기를 목 + 場 마당 장) 소나 말, 양 따위를 놓아기르는 곳.
- **목동** (牧 기를 목 + 童 아이 동) 풀을 먹이며 가축을 키우는 아이.

제물로 소를 바치며

덩치가 커서 먹을 게 많은 소는 큰 제사에 어울리는
제물로 꼽혔어. 옛사람들은 가장 귀한 생명까지
신께 드린다는 뜻으로 살아 있는 소를 바치며 복을 빌었어.

● 牲(희생 생) 살아 있는 소를 나타낸 글자야. 처음에는 산 제물만을 뜻했는데,
이후 다른 사람이나 목적을 위해 자신의 소중한 것을 바친다는 뜻까지 갖게 됐어.

● 소를 바친 뒤 신에게 고하니

알릴 **고**

告

소

입

33

너무 큰 희생(犧牲)

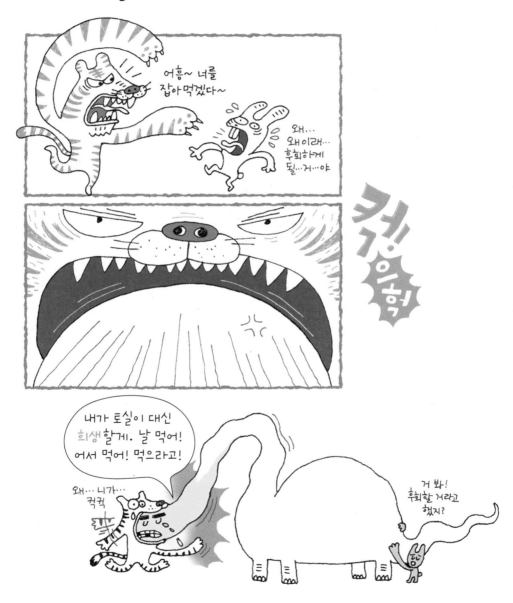

- **희생** (犧 희생 희 + 牲 희생 생) 다른 사람이나 어떤 목적을 위해 자신의 목숨, 재산, 명예 따위를 바치거나 버리는 것. 제물로 바치는 산 짐승.

떴다! 광고(廣告)

- **광고** (廣 넓을 광 + 告 알릴 고) 세상에 널리 알림.
- **보고서** (報 알릴 보 + 告 알릴 고 + 書 글 서) 어떤 일의 내용이나 결과를 알리는 글.

자르고 떼어 내고

제사가 끝났으니 이제 소를 나누어 먹자! 고기, 가죽, 뿔…. 소는 버릴 게
하나도 없으니 처음부터 요령껏 잘 잘라야 해. 먼저 반으로 잘라. 그다음
앞다리, 뒷다리 등 부위별로 나눠. 마지막으로 뿔을 떼어 내면 끝!

짝눈이의 수상한 절반(折半)

- **절반** (折 꺾을 절 + 半 반 반) 하나를 반으로 가름. 또는 그렇게 가른 반쪽.
- **반** (半 반 반) 둘로 똑같이 나눈 것의 한 부분.

분해(分解) 전문가, 다뜯어 씨!

• **분해** (分 나눌 분 + 解 가를 해) 여럿을 모아 만든 덩어리를 낱낱으로 나누는 것.

착하냥이랑
친구 하고 싶다

양 양

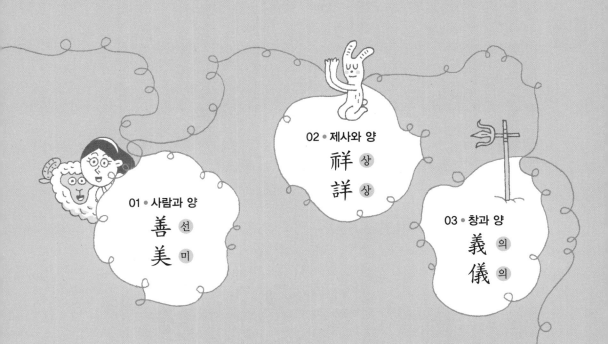

착한 양이 필요해?

양을 나타내는 羊(양 양) 자는
두 뿔이 돋아난 양 머리를 본떠 만들었어.

성질이 온순한 양은 길들이기 쉬운 데다
이모저모 쓸모도 많았어. 羊(양 양) 자를 넣어
만든 글자를 보면 먹고 입는 일상생활에서는 물론
제사 때도 양이 빠지지 않았다는 걸 알 수 있어.

뭐든 다 주는 착한 양

사람들은 양에게서 많은 걸 얻었어. 고기, 젖, 털은 기본! 마을의 높은
사람은 뿔 달린 양 머리를 쓰고 자신의 지위와 능력을 뽐내기도 했어.
옛사람들의 눈에는 그 모습이 가까이하기 어려울 정도로 위대해 보였대.

● **善 (착할 선)** 처음 글자는 譱으로 양 아래 言(말씀 언) 자가 두 개 붙은 모양이었어.

착하냥의 넘치는 **선행**(善行)

- **선행** (善 착할 선 + 行 행할 행) 착한 일을 함.
- **선전** (善 착할 선, 잘할 선 + 戰 싸울 전) 있는 힘을 다하여 잘 싸움.
- **최선** (最 가장 최 + 善 착할 선, 좋을 선) 가장 좋고 훌륭함. 온 정성과 힘.

미녀(美女)의 기준은?

- **미녀** (美 아름다울 미 + 女 여자 녀) 얼굴이 아름다운 여자.
- **미술** (美 아름다울 미 + 術 꾀 술) 아름다움을 표현하는 예술.

양, 제사상에 오르다

성격 좋지, 쓸모 많지, 나무랄 데가 하나도 없는 양을 옛사람들은
행운의 동물이라 생각했어. 그래서 신에게 제사를 지낼 때도
더 큰 복을 구하는 마음에서 양을 제물로 올리곤 했지.

● 제단에 양을 바치며 좋은 일을 기대하니

상서로울 상

祥

제단

양

나 올라가?

착하냥

당근 줄게 올라가~

상서로운 느낌이 들지?

응! 좋은 일이 생길 거 같아.

그지? 나도 그래!

● 양을 바친 뒤 구구절절 소원을 말하니

자세할 상

뭐라는 거지?

말 詳 양

자세해도
너무 자세해.
귀 아파.

토끼들에게
일용할 양식을 주시고,
맛있는 당근을 주시고…
주절주절…

착하냥

뿌뿌!

기도 끝났어?

아직
멀었어

다리 저려~
벌써 세 시간째야
언제 끝나?

49

토끼 왕국 발상지(發祥地) 투어

- **발상지** (發 일어날 발 + 祥 상서로울 상 + 地 땅 지) 문명이나 종교 같은 역사적으로 큰 가치가 있는 것이 처음 생겨난 곳. 또는 나라를 세운 임금이 태어난 땅.

토끼 왕국 상세도(詳細圖)

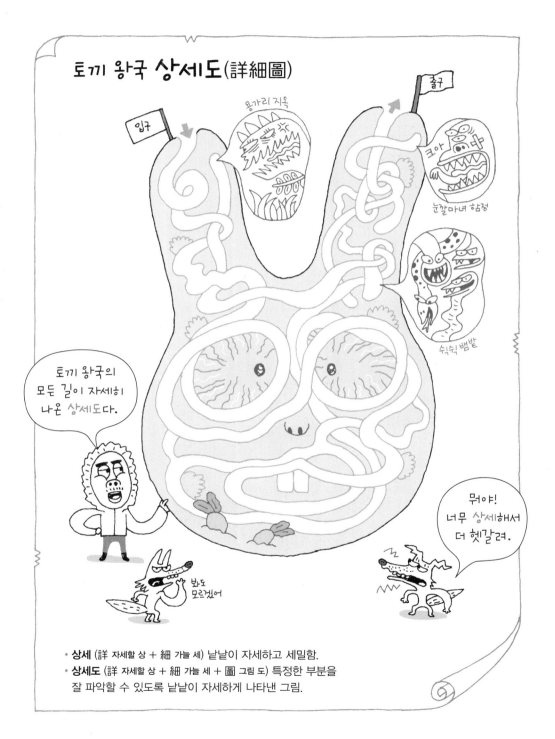

- **상세** (詳 자세할 상 + 細 가늘 세) 낱낱이 자세하고 세밀함.
- **상세도** (詳 자세할 상 + 細 가늘 세 + 圖 그림 도) 특정한 부분을 잘 파악할 수 있도록 낱낱이 자세하게 나타낸 그림.

전쟁 승리를 기원하며

옛사람들은 싸움터에 나가기 전 출정식을 가졌어. 출정식은 제사와
비슷했어. 제단을 대신해 창을 세운 뒤 양 머리를 올렸지. 그 앞에서
사람들은 신에게 승리를 구하며, 한마음으로 똘똘 뭉쳐 싸울 것을 맹세했어.

● 양 머리를 꽂은 창을 두고 다짐하니

● 양 머리를 꽂은 창을 들고 행사를 치르니

의식 의

儀

사람

양

창

토끼 왕국과 전쟁이다! 출정식을 치르자!

우오오오모~

첵!
첵!
첵!

스파이가 숨어들었대

정말? 어디?

정의(正義)의 원더우먼!

힘센 늑대를 한 방에? 대단합니다. 비밀 무기가 있나요?

원더우먼 만세—

전 그저 옳지 않은 것, 불의를 보면 마구 돌 뿐입니다.

정의의 원더우먼 늑대를 혼내 주다

가진 당근 다 내놔!

이것밖에 없어요.

친구들아 의리 없이 도망가기냐

옳지 않아! 정의의 이름으로 혼내 주겠다!

빙글

빙글

앗!

악!

어지러워~

짜잔

• **정의** (正 바를 정 + 義 옳을 의) 바르고 옳은 도리.
• **불의** (不 아니 불 + 義 옳을 의) 옳지 않은 것.

어설픈 출정 의식(儀式)

- **의식** (儀 의식 의 + 式 법 식) 차례와 예의를 갖추어 치르는 행사.
- **의장대** (儀 의식 의 + 仗 무기 장 + 隊 대 대) 국가 경축 행사나 외국 사절에 대한
  환영, 환송 따위의 의식을 베풀려고 특별히 조직 · 훈련된 부대.

오잇?
많다

작은 새? 아니 그냥 새야

隹(새 추) 자는 꽁지가 짧고,
몸이 통통한 작은 새를 본떠 만들었어.

그렇다고 隹(새 추) 자가 특별히 작은 새를
뜻하는 건 아니야. 새의 종류와 상관없이
보통 새를 가리킬 때나 새와 관련된 글자를
만들 때도 隹(새 추)를 쓰거든.

01 • 새의 수

隹 척
雙 쌍
集 집

02 • 불 위의 새

焦 초
樵 초

03 • 새의 날개

奮 분
奪 탈

새 추

04 • 암컷과 수컷

雌 자

雄 웅

새가 몇 마리?

나무에 새들이 떼 지어 앉아 있어. 새를 잡아 볼까.
한 마리만 잡으면 좀 섭섭하지. 적어도 두 마리, 짝으로 잡아야지.

●손에 새 한 마리!

외짝 **척**

隻

새

손

오~
새 잡기의
달인!

헉! 혼자
잡히다니....

잡았다!
새 한 마리.

얍

●손에 새 두 마리!

짝 **쌍**

雙

새×2

손

찰칵!
대단해

또 잡았다!
새 두 마리.

짝꿍! 너도?

얍얍

● 나무 위에 새 여러 마리!

모일 집

集

새

나무

• 集 (모일 집) 본래 글자는 雧. 그런데 세월이 흐르며 나무 위에 있던
새 여러 마리가 한 마리로 줄어 지금과 같은 모양이 됐어.

- **쌍** (雙 짝 쌍) 둘씩 짝을 이룬 것.
- **쌍쌍** (雙 짝 쌍 + 雙 짝 쌍) 둘 이상의 쌍.

문제집(問題集)은 문제가 사는 집?

• **문제집** (問 물을 문 + 題 제목 제 + 集 모일 집) 문제를 모아서 엮은 책.
• **집합** (集 모일 집 + 合 모을 합) 한 곳으로 모음.

불 위에 새가 지글지글

사냥한 새를 어떻게 요리할까? 불 위에 올려 구우면 간단해.
참, 새는 몸집이 작아 다른 짐승보다 쉽게 타니까 조심해서 구워야 해.

● 새를 구울 때 쓰는 나무

땔나무 초

65

숲이 몽땅 초토화(焦土化)

너무 초조(焦燥)해!

부담스런 **초미**(焦眉)의 관심

• **초토화** (焦 탈 초 + 土 흙 토 + 化 될 화) 까맣게 타서 재만 남은 땅이 됨.
  불에 탄 듯 황폐화된 것을 비유적으로 이르는 말.
• **초조** (焦 탈 초 + 燥 마를 조) 애가 타서 마음이 조마조마함.
• **초미** (焦 탈 초 + 眉 눈썹 미) 눈썹에 불이 붙었다는 뜻으로 매우 급한 상황을 이르는 말.

날개야, 날 살려라!

새가 밭에서 잘 여문 곡식을 쪼아 먹고 있을 때, 밭 주인이 나타났어.
"내 귀한 곡식을 훔쳐? 이놈 잡히기만 해 봐라!" 놀란 새는 힘껏
날개를 퍼덕이며 날아올랐지. 새는 무사히 도망칠 수 있을까?

● 밭에서 새가 크게 날갯짓하며 날아올라

떨칠 분
奮

크다
새
밭

● 크게 버둥거리는 새를 손으로 잡아

빼앗을 탈

멈출 수 없는 흥분(興奮)

혼자서 고군분투(孤軍奮鬪)

- **흥분** (興 일어날 흥 + 奮 떨칠 분) 어떤 일에 자극을 받아 감정이 치밀어 오르는 것.
- **고군분투** (孤 외로울 고 + 軍 군사 군 + 奮 떨칠 분 + 鬪 싸움 투) 외로운 군사가 홀로 일어나 용감히 많은 적과 싸움을 이르는 말. 혼자서 어려운 일을 도움 없이 해내는 것을 비유하는 말로 쓰임.

생선 강탈(强奪) 사건의 진실!

- **강탈** (强 억지 강 + 奪 빼앗을 탈) 남의 것을 억지로 빼앗음.
- **탈취** (奪 빼앗을 탈 + 取 가질 취) 남의 것을 빼앗아 가짐.

암컷과 수컷! 뭐가 달라?

雌(암컷 자)와 雄(수컷 웅)을 보면 옛날 사람들이 남녀를 어떻게
구별했는지 알 수 있어. 여자는 얌전한 걸음걸이로, 남자는 힘센 팔뚝으로
그 특징을 표현했지. 요즘 사람들의 생각과는 좀 다르지?

● 화살촉만큼 좁게 떼는 발걸음과 새가 만나

암컷 자

雌

발   화살촉   새

성큼성큼? NO!
여자라면 총총총!

나처럼?
여성스럽게.

나도
총총총~

넌 다리가
짧아서 그래

깩! 나한테
쏘는 거야?

총총총

● 우람한 팔뚝과 새가 만나

수컷 웅

雄

팔뚝

새

남자라면 모름지기 우람한 팔뚝!

여기 우유 한 잔!

꽝

저 팔뚝 좀 봐~

팔뚝은 남자의 상징!

핫둘 핫둘!

우유나 마셔 우유

자 매달려~!

王

자와 웅! 자웅(雌雄)을 겨루다!

- **자웅** (雌 암컷 자 + 雄 수컷 웅) 암수. 우열, 강약 따위를 비유적으로 이르는 말.
- **자웅**(雌 암컷 자 + 雄 수컷 웅)**을 겨루다** 누가 약하고, 강한지를 겨룸.

대웅전(大雄殿)은 큰 수컷 건물?

여긴 대웅전.
큰 수컷 건물이니
여자는 가라.

악!

불국사의 대웅전.
석가모니를 '위대한 영웅'이라는
뜻에서 '대웅'이라고 하고,
석가모니 불상을 모신 곳을
'대웅전'이라 불러.

대웅전에서 웅은 '
영웅'이란 뜻이란다.
그것도 모르면서,
쯧쯧.

멍청한 놈

• **대웅전** (大 큰 대 + 雄 수컷 웅, 영웅 웅 + 殿 큰 집 전)
  대웅(석가모니 부처)을 모신 건물.
• **웅장**(雄 수컷 웅, 웅장할 웅 + 壯 장할 장)**하다**
  규모 따위가 크고 으리으리하다.

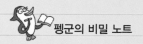

새야? 한자야? 똑같이 생겼네

옛사람들은 특징적인 생김새를 본떠 여러 종류의 새를 글자로 나타냈어.
이 글자들을 보면 새가 어떻게 생겼는지도 알 수 있지.

❶ 부리부리한 눈! 한껏 세운 도가머리가 멋져

- **종류**: 넓적부리 황새
- **발견 장소**: 벌레 꿈틀 풀밭
- **한 줄 메모**: 높이 달린 눈! 멀리까지 잘 보겠지?

❷ 아담한 몸! 정말 귀여워

- 종류 : 참새
- 발견 장소 : 집 앞마당
- 한 줄 메모 : 참새 혀처럼 작은 찻잎으로
  우려낸 작설차가 먹고 싶다

雀
참새 작

❸ 꽁지깃! 화살로 써도 되겠어

- 종류 : 꿩
- 발견 장소 : 화살 무기 창고 앞
- 한 줄 메모 : 치악산에는 정말 꿩이 많을까?

雉
꿩 치

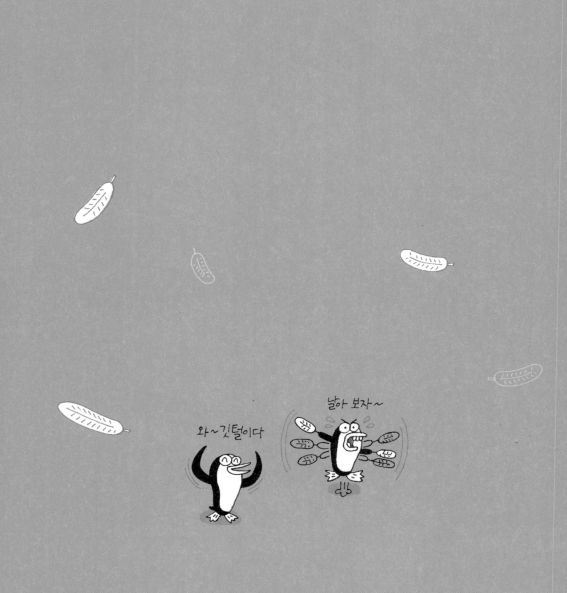

날아라! 날개를 펴고

羽(깃 우) 자는 새의 날개를 본떠 만들었어.

한껏 세운 두 날개와 깃털이 보이지?
모양 그대로 羽(깃 우)는 날개와 깃털을 뜻해.
羽(깃 우)가 들어간 글자를 보면
날개와 깃털을 어디에 쓰는지 잘 알 수 있어.

01 • 날갯짓

習 습
翔 상

02 • 새의 날개

濯 탁
躍 약
擢 탁

03 • 깃털 부채

扇 선
煽 선

깃 우

새가 나는 건 당연해?

새라고 해서 처음부터 날 수 있는 건 아니야. 어린 새는 날갯짓을
반복하며 열심히 나는 법을 익히지. 그렇게 연습한 후에야
자유롭게 하늘을 날며 사냥감을 찾는 멋진 새가 될 수 있어.

• 여러 날 반복하여 나는 법을 배우니

익힐 **습**

날개

날

• **習 (익힐 습)** 처음 글자 모양은 習. 그런데 세월이 흐르며
아래의 日(날 일)이 白(흰 백)으로 바뀌었어.

돌아 날 상

도전! 발레 연습(練習)

- **연습** (練 익힐 련 + 習 익힐 습) 어떤 일을 잘하려고 되풀이하여 익히는 것.
- **학습** (學 배울 학 + 習 익힐 습) 배워서 익힘.
- **복습** (復 되풀이할 복 + 習 익힐 습) 배운 것을 다시 익힘.
- **예습** (豫 미리 예 + 習 익힐 습) 배울 것을 미리 익힘.

비상(飛翔)은 아무나 하나?

• **비상** (飛 날 비 + 翔 돌아 날 상) 공중을 날아다님.

날개를 퍼덕이며

새는 날개를 쓰며 움직여. 날 때뿐만이 아니야. 재빨리 달릴 때도,
물로 몸을 씻을 때도 날개를 쓰지. 그래서 새의 동작을 보고 만든 글자에는
대부분 새를 뜻하는 隹(새 추)와 날개를 뜻하는 羽(깃 우)가 함께 들어가.

● 물에서 새가 날개를 치며

씻을 **탁**

濯

날개

물

새

날개로 물을
팍팍 끼얹으며
몸을 씻어야지.

형아는 목욕도
박력 있게 한다

악!
더러워

한 달 만에
씻는 거야

때?

목욕보다 세탁(洗濯)

도약(跳躍)만이 살길이다!

- **세탁** (洗 씻을 세 + 濯 씻을 탁) 옷 따위를 빠는 일.
- **도약** (跳 뛸 도 + 躍 뛸 약) 몸을 위로 솟구쳐 뛰는 일.

• **발탁** (拔 뺄 발 + 擢 뽑을 탁) 많은 사람 가운데서 쓸 사람을 빼내어 뽑음.

바람 솔솔, 깃털 부채

선풍기도 에어컨도 없던 옛날, 더위를 식힐 때는 부채만 한 게 없었어.
부채 중 단연 최고는 깃털 부채야. 멋있고 가벼우면서도 바람이 잘 일었거든.

짜잔!
깃털 부채 완성.
바람 부쳐 줄까?

● 깃털로 만든 문짝 모양의 물건

부채 선

扇

외짝 문

깃털

전요...
춥다고요

90

● 불이 잘 일도록 부채를 흔드니

부채질할 선

煽

目 외짝 문

깃털

불

부채와 닮아서 선상지(扇狀地)

- **선상지** (扇 부채 선 + 狀 모양 상 + 地 땅 지) 부채 모양의 땅.
- **선형** (扇 부채 선 + 形 모양 형) 부채의 모양. 부채꼴.

대장의 선동(煽動)

• **선동** (煽 부채질할 선, 부추길 선 + 動 움직일 동)
부채질로 불을 크게 일으키듯 남을 부추겨 어떤 일이나 행동에 나서도록 함.

바보~
돈이거든

돈이 된 보물 조개

貝(조개 패) 자는 조개를 본떠 만든 글자야.

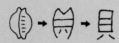

지금껏 보아 왔던 조개와는 모양이 좀 다르지?
옛사람들이 보물로 여기고 돈으로 썼던 특별한
조개를 본떠서 그런 거야. 貝(조개 패)가 들어간
글자들은 대부분 보물, 재물, 돈과 관련이 있어.

01 • 귀한 조개
財 재
寶 보

02 • 욕심나는 돈
貪 탐
貧 빈

03 • 돈 꾸러미
貫 관
實 실

04 • 잃은 돈
賊 _적
敗 _패

조개 패

제대로 대접받는 귀한 조개

옛날에 마노 조개라는 아주 특별한 조개가 있었어.
마노 조개는 모양이 예쁘고 빛깔이 고와서 귀한 보물로 대접받았어.
또, 다른 물건과 언제든 바꿀 수 있는 재물로 쓸모도 많았지.

● 조개, 목재는 쓸모가 많아서

● 집에 간직해 둔 여러 보물

보배 **보**

집

구슬

寶

도자기

조개

구슬, 도자기, 조개! 보물은 집에 두어야지.

귀한 걸로만 골랐어요.

이야~

내 보물은 나뭇조각

사막 최고의 재물(財物)

- **재물** (財 재물 재 + 物 물건 물) 돈이나 값비싼 물건.
- **재산** (財 재물 재 + 産 재산 산) 돈, 건물, 땅 따위의 값진 것.

개구리 왕국 보물(寶物)1호

- **보물** (寶 보배 보 + 物 물건 물) 아주 귀하고 값진 물건.
- **보석** (寶 보배 보 + 石 돌 석) 빛깔이 곱고 아름다워서 비싼 돌.

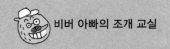
조개로 무얼 할까?

값진 조개는 다른 물건과 바꾸기 쉬웠어. 그러다 보니 물건과 물건을 바꿀 때,
돈으로 조개를 주고받는 경우가 많아졌지. 조개 돈을 사용한 거야.

조개 하나! 도끼 두 개로 바꿀 수 있다

 도끼×2

바탕 질

본바탕을 살펴 가치를 매겨 보니,
조개 하나와 도끼 두 개의 가치가 같았어.

도끼 주시오.

마노 조개

품질이 끝내주는
걸로 잘산거요.

買

살 매

조개가 그물 가득 있으면
원하는 걸 뭐든 살 수 있어.

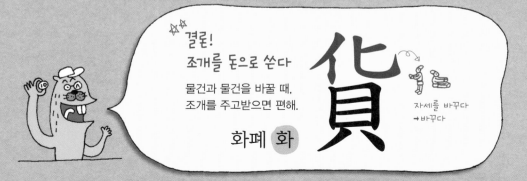

결론!
조개를 돈으로 쓴다

물건과 물건을 바꿀 때,
조개를 주고받으면 편해.

화폐 화

貨

자세를 바꾸다
➔ 바꾸다

103

욕심도 정도껏, 쓸 때도 정도껏

귀하고 좋은 걸 보면 갖고 싶은 마음이 드는 건 당연해. 하지만 지나친
욕심은 화를 부르기 마련. 절대 남의 것을 탐내서는 안 돼. 쓸 때도 마찬가지.
이것저것 갖고 싶다고 마구 사면 금방 가난해지니 정도껏 하자고.

● 다 나누어서 조개가 얼마 없으니

가난할 빈

分 나누다

조개

식탐(食貪)을 멈출 수 없어

- **식탐** (食 밥 식 + 貪 탐할 탐) 음식을 탐냄.
- **탐욕** (貪 탐할 탐 + 慾 욕심 욕) 지나치게 탐하는 욕심.

달라도, 너무 다른 빈부(貧富)

가진 게 조금이라 **빈**

가진 게 아주 많아 **부**

- **빈부** (貧 가난할 빈 + 富 부유할 부) 가난한 것과 잘사는 것.
- **빈민** (貧 가난할 빈 + 民 백성 민) 가난한 백성.
- **빈곤** (貧 가난할 빈 + 困 괴로울 곤) 가난하여 살기 어려움.

꾸러미로 꿰어

조개 돈은 많을수록 좋지. 하지만 조개 돈을 가지고 다니려면
잘 간수해야 돼. 그래서 생각해 낸 게 꾸러미로 꿰는 거야.
이렇게 하면 흘릴 염려도 없고, 몇 개인지 헤아리기도 쉽거든.

흘리고
다니면 안 돼!

● 조개를 줄줄이 실에 꿰어

꿸 **관**

貫

꾸러미

조개

꿰자, 꿰자!
조개 돈을 꿰자.

줄줄이 소시지
같다

● 집 안에 조개 꾸러미가 가득

채울 실

집

꾸러미

조개

實

조개 꾸러미로
집을 꽉 채웠소!

우린 부자다!

여봉~
정말 실하네요!

나도 가득
채우고 싶다

다 뚫어 관통(貫通) 화살

- **관통** (貫 꿸 관 + 通 통할 통) 꿰뚫어서 통함.
- **일관성** (一 한 일 + 貫 꿸 관 + 性 성질 성) 하나의 방법이나 태도로써 처음부터 끝까지 한결같은 성질.
- **시종일관** (始 처음 시 + 終 끝날 종 + 一 한 일 + 貫 꿸 관) 일 따위를 처음부터 끝까지 한결같이 함.

실선(實線)으로 살아나리!

- **실선** (實 채울 실 + 線 줄 선) 끊어진 곳이 없이 이어져 있는 선.
- **실력** (實 채울 실, 실제 실 + 力 힘 력) 실제로 갖추고 있는 힘이나 능력.
- **사실** (事 일 사 + 實 채울 실, 실제 실) 실제로 있었던 일이나 현재에 있는 일.

자나 깨나 도둑 조심

조개 돈은 신경 써 잘 두어야 해. 잘못해 도둑을 맞거나 깨지기라도
하면 귀한 조개 돈을 한번 써 보지도 못하고 잃게 될 테니까 말이야.

● 창으로 귀한 조개를 뺏는 사람이니

도둑 적

조개   賊   창

사람

나, 도둑이야!
조개 돈,
몽땅 내놔.

우리
돈인데

바들 바들 바들

● 몽둥이로 쳐 조개를 깨뜨리니

부서질 패

敗

조개

막대+손
(치다)

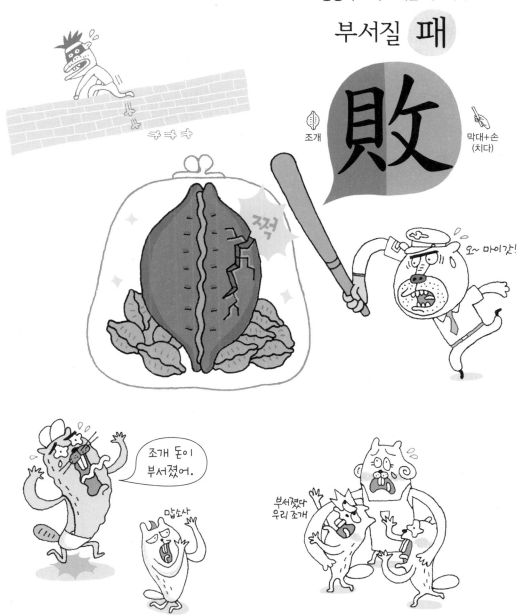

짝

오~ 마이갓!

조개 돈이
부서졌어.

맙소사

부서졌다
우리 조개

산적(山賊)의 정체

- **산적** (山 뫼 산 + 賊 도둑 적) 산에 숨어 살면서 남의 재물을 빼앗는 도둑.
- **해적** (海 바다 해 + 賊 도둑 적) 바다에서 배를 타고 다니면서 남의 재물을 빼앗는 도둑.
- **의적** (義 옳을 의 + 賊 도둑 적) 백성을 괴롭히는 나쁜 사람의 재물을 훔쳐다가 가난한 사람을 도와주는 의로운 도둑.

도자기 달인의 **실패**(失敗)

- **실패** (失 잃을 실 + 敗 부서질 패, 무너질 패) 일을 잘못하여 뜻한 대로 되지 않거나 그르침.
- **패배** (敗 부서질 패, 패할 패 + 北 달아날 배) 겨루어서 짐. 싸움에서 패하여 달아남.

찾아보기

차례

한자툰 놀이터 정답

도전! 미로 탈출

그림과 그림을 더하면 어떤 글자가 될까?
꾸불꾸불 이어진 길을 따라가며 문제를 풀어 봐.

2

獸 犯 伏 器 獲 突

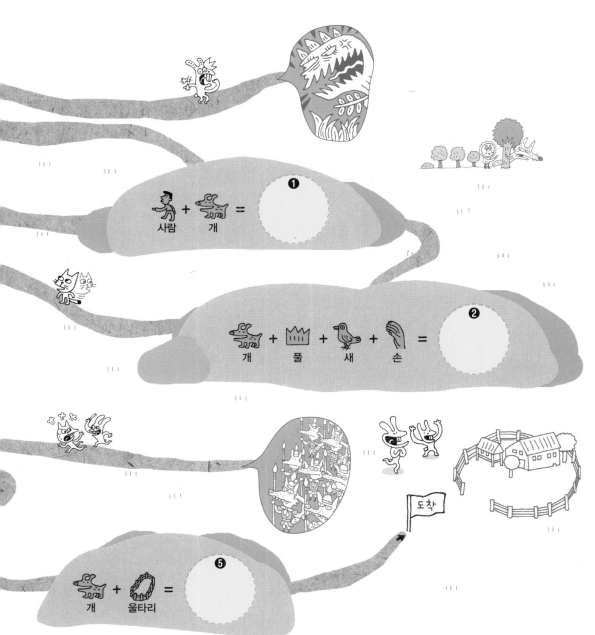

❶ 사람 + 개 =

❷ 개 + 풀 + 새 + 손 =

도착

❺ 개 + 울타리 =

3

글자야? 그림이야?

글자를 그림으로 그린다면? 글자와 어울리는 그림을 찾아서 선으로 연결해 봐.

突 ❶

가

獸 ❷

나

犯 ❸

다

伏 ❹

라

器 ❺

마

獲 ❻

바

낱말 퍼즐 맞추기

가로 열쇠와 세로 열쇠를 힌트로 낱말 퍼즐을 맞춰 봐.

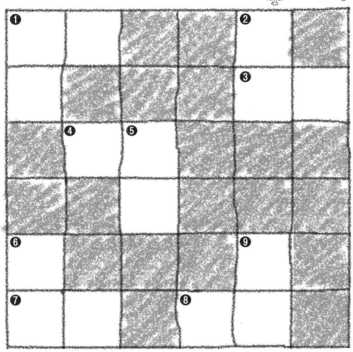

 가로 열쇠

- ❶ 突進 세찬 기세로 거침없이 곧장 나아감.
- ❸ 器物 살림살이에 쓰는 그릇.
- ❹ 侵犯 남의 땅이나 지역에 제 마음대로
  들어가 해를 끼치는 것.
- ❼ 伏兵 적을 기습하기 위하여 적이 지날 만한 길목에
  군사를 숨기는 일 또는 엎드려 숨은 군사.
- ❽ 漁獲 물고기나 조개 따위의 수산물을
  잡거나 채취함.

 세로 열쇠

- ❶ 突發 뜻밖의 일이 갑자기 일어남.
- ❷ 祭器 제사에 쓰는 그릇.
- ❺ 犯法 법을 어김.
- ❻ 降伏 적이나 상대편의 힘에 눌리어 굴복함.
- ❾ 捕獲 적병을 사로잡음.
  짐승이나 물고기를 잡음.

아슬아슬 다리 건너기

소와 양이 각각 다른 그림과 만나면 어떤 글자가 될까?
다리 건너편에 어울리는 글자를 적어 봐.

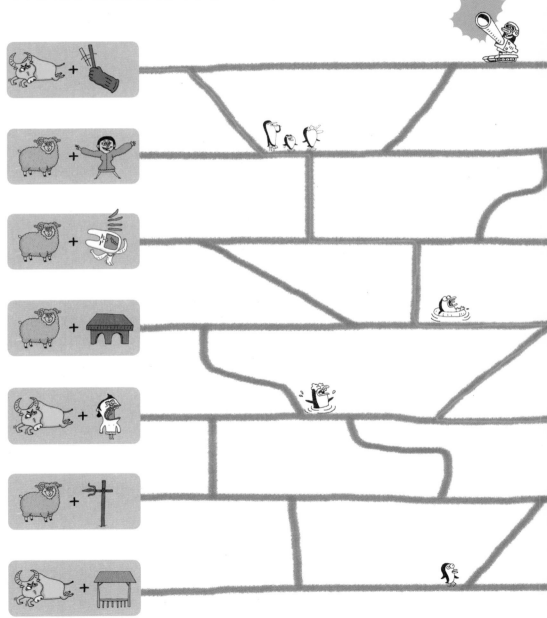

美 詳 祥 告 義 牢 牧

❶

❷

❸

❹

❺

牧

❻

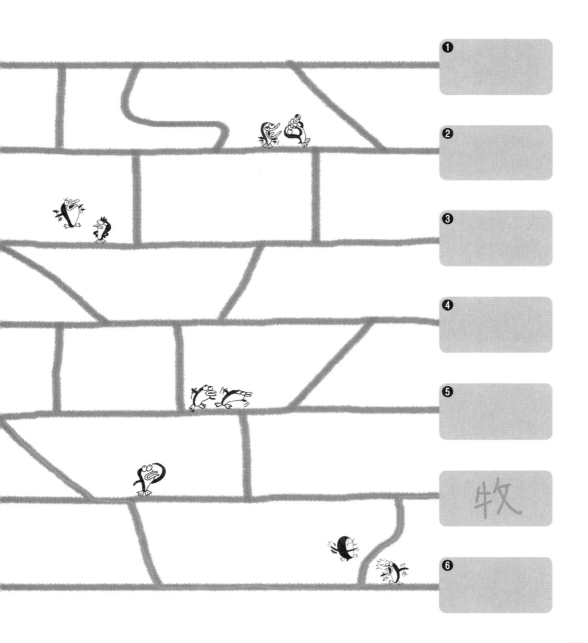

나도 화가

화가가 되어 글자를 그림으로 표현해 보자.

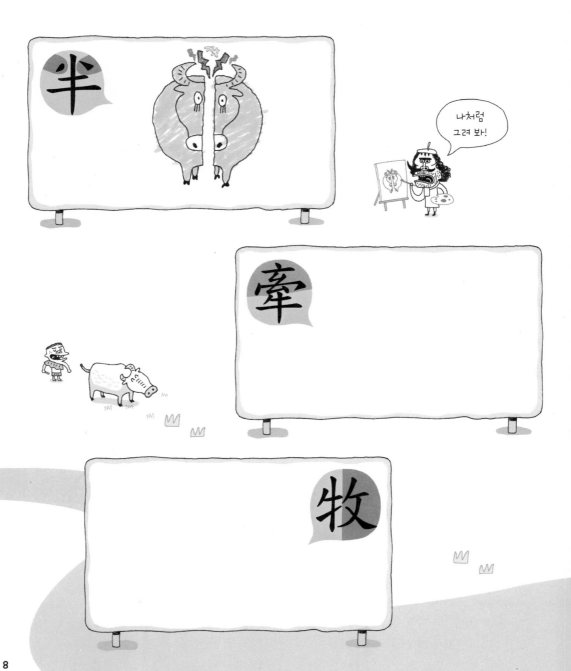

그림일기를 읽어라!

착하냥이 그림일기를 보여 주었어. 그런데 일기 중간중간에 단어가 빠져 있네.
빠진 단어를 채우며 그림일기를 읽어 봐.

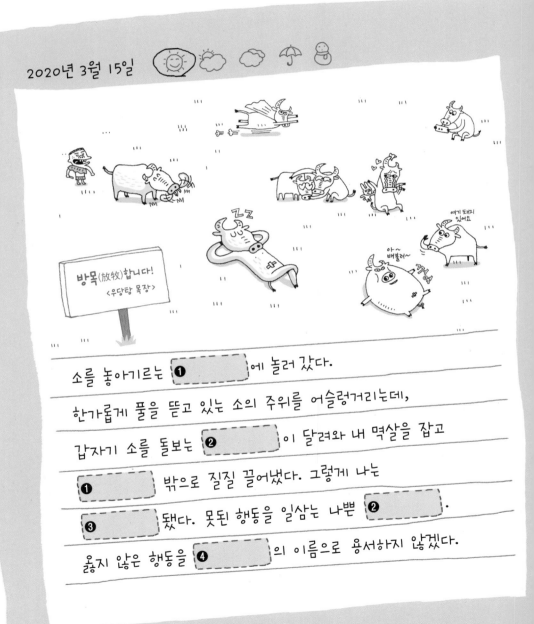

2020년 3월 15일

방목(放牧)합니다!
〈우당탕 목장〉

소를 놓아기르는 **❶** 에 놀러 갔다.

한가롭게 풀을 뜯고 있는 소의 주위를 어슬렁거리는데,

갑자기 소를 돌보는 **❷** 이 달려와 내 멱살을 잡고

❶ 밖으로 질질 끌려났다. 그렇게 나는

❸ 됐다. 못된 행동을 일삼는 나쁜 **❷** .

옳지 않은 행동을 **❹** 의 이름으로 용서하지 않겠다.

正義 정의   廣告 광고   牧童 목동   牽引 견인
牧場 목장   最善 최선   善行 선행   放牧 방목

2020년 3월 16일 ☀️ ☁️ ☁️ ☂️ ⛄

나는 착하냥!
제가 도와
드릴게요.

길을 가다 무거운 손수레를 혼자 끄는 늑대 아저씨를 만났다.

나는 늑대 아저씨를 돕기로 했다.

있는 힘껏 ❺[   ]을 다해 손수레를 뒤에서 밀어 주었다.

완전 끝까지! 세상에 나처럼 착한 양이 또 있을까.

모든 사람이 내가 착한 일을 했다는 사실을 알았으면 좋겠다.

그래서 이곳저곳을 돌아다니며 내 ❻[   ]을 ❼[   ]했다.

그리고 아직 내가 한 일을 모르는 사람들을 위해 일기를 쓴다.

줄줄이 그림 낚시

낚싯줄을 따라가며 글자에 들어 있는 그림을 골라 색칠해 봐.

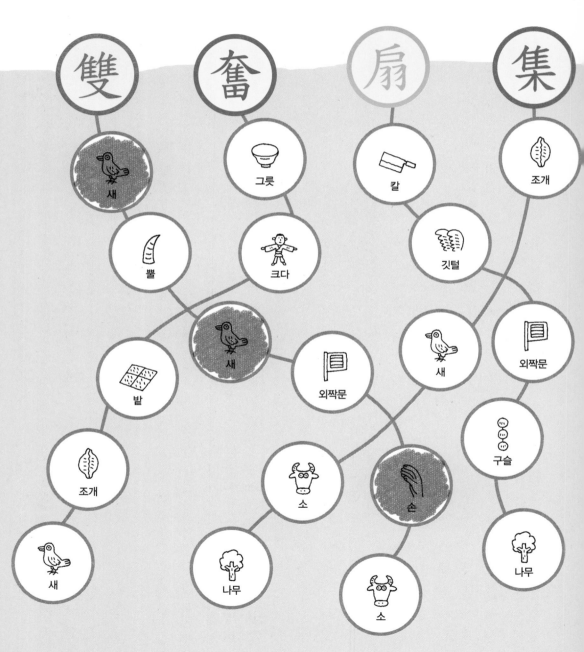

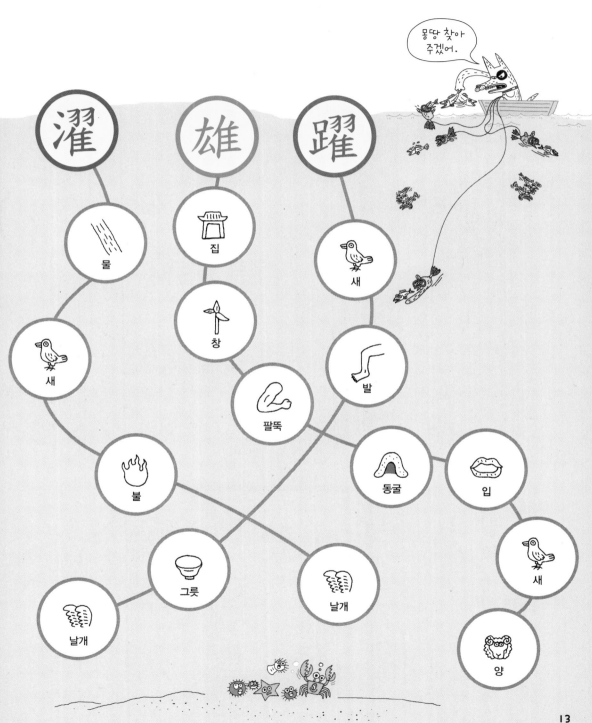

앗싸! 빙고

글자 빙고판과 그림 빙고판이 짝을 이루게 보기에서 골라 채워 보자.

✷ 글자 빙고판 ✷

	❶	❷	
隹			雄
❸	奪	集	❹
❺	雙	❻	扇
雌	習	❼	❽

글자 보기

글자를 찾아봐.

樵	躍	翔	濯
擢	奮	焦	煽

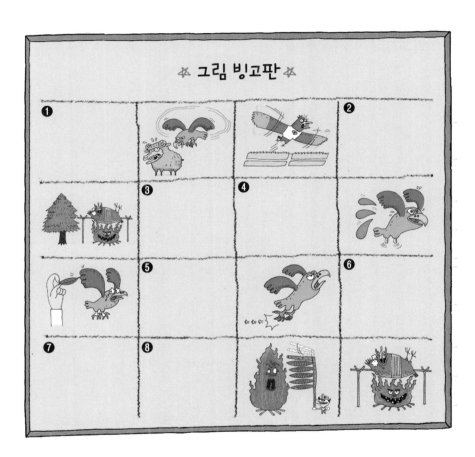

그림 보기

그림을 찾아봐.

괴도 루빵의 도전장

괴도 루빵이 숫자 암호가 들어간 도전장을 괴도 팡팡에게 보냈어.
어떤 글자를 숫자 암호로 표시한 걸까? 암호 해독표를 이용해 도전장을 읽어 봐.

괴도 팡팡, 보아라!

나는 최고의 도둑들이 모여 있는 '다훔쳐' **14** 단의 새 대표, 루빵이다.

대표로 발 **5** 된 기념으로 네게 도전장을 보낸다.

누가 진정한 괴도인지, **7** **11** 을 겨루어 보자.

내일 새벽 3시, 네가 기차에서 강 **12** 한 대나무 부채, 합죽 **1** 을

가져가겠다. 혹시라도 합죽 **1** 을 숨길 생각일랑 하지 마라!

큰 불이 휩쓸고 지나간 것처럼 네 집이

16 토화되는 꼴을 보고 싶지 않다면....

합죽 **1** 을 내가 훔쳐 가면 넌 어떨까?

아마도 치미는 분노를 감추지 못하고 흥 **3** 하겠지.

그 모습을 어서 보고 싶구나.

막을 수 있다면 막아 보아라! 혼자서 이리 뛰고

저리 뛰며 고군 **3** 투해 보아라!

하지만 나를 막을 수는 없을 것이다.

— 괴도 루빵

★ 암호 해독표 ★

1	2	3	4	5	6	7	8	9	10
扇	習	奮	濯	擢	突	雌	翔	羽	牢
11	12	13	14	15	16	17	18	19	20
雄	奪	犯	集	伏	焦	器	半	牛	煽

도전장을 받았는데,
읽을 수가 없어.

오, 마이 갓!

괴도?
어디, 어디?

조각 퍼즐 그림 맞추기 ❶

글자를 그림으로 바꾸면 어떻게 될까? 알맞은 조각 퍼즐을 골라 그림을 완성해 보자.

조각 퍼즐 그림 맞추기 ❷

글자를 그림으로 바꾸면 어떻게 될까? 알맞은 조각 퍼즐을 골라 그림을 완성해 보자.

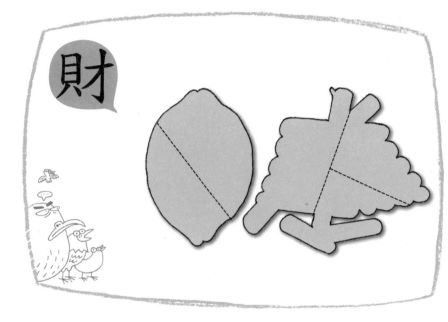

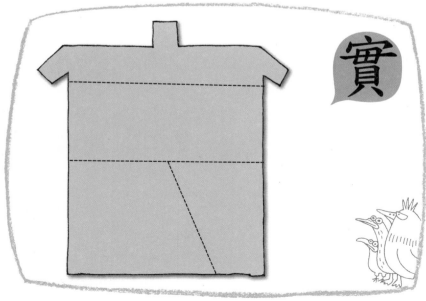

앗싸! 거의 다
맞춰 간다.

지금 딱 맞는 단어는?

만화에 딱 맞는 한 단어를 보기에서 찾아 적어 봐.

① 산을 주름잡는 도둑 출현!

답 : _____

② 사과를 뚫고, 나무를 뚫고 쑹~

 답 : _____

단어 보기

| 財産 재산 | 寶物 보물 | 食貪 식탐 | 山賊 산적 |
| 貫通 관통 | 貧富 빈부 | 實線 실선 | 事實 사실 |

❸ 개구리 왕자의 특별한 선물

답: _____

❹ 가진 게 적어 VS 가진 게 많아

답: _____

p2~3 도전! 미로 탈출
  ❶ 伏 ❷ 獲 ❸ 獸 ❹ 器 ❺ 犯

p4 글자야? 그림이야?
  ❶ 라 ❷ 마 ❸ 다 ❹ 가 ❺ 나 ❻ 바

p5 낱말 퍼즐 맞추기

돌	진			제	
발				기	물
	침	범			
		법			
항				포	
복	병		어	획	

p6~7 아슬아슬 다리 건너기
  ❶ 牢 ❷ 告 ❸ 詳 ❹ 祥 ❺ 義 ❻ 美

p8~9 나도 화가

p10~11 그림일기를 읽어라!

❶ 목장 ❷ 목동 ❸ 견인 ❹ 정의 ❺ 최선 ❻ 선행 ❼ 광고

p12~13 줄줄이 그림낚시

奮 크다 밭 새   扇 깃털 외짝문   集 새 나무

濯 물 새 날개   雄 팔뚝 새   躍 새 발 날개

p14~15 앗싸! 빙고

글자 빙고판 ❶ 翔 ❷ 奮 ❸ 樵 ❹ 濯 ❺ 攉 ❻ 躍 ❼ 煽 ❽ 焦

그림 빙고판 ❶ 바 ❷ 사 ❸ 라 ❹ 나 ❺ 다 ❻ 가 ❼ 마 ❽ 아

p16~17 괴도 루빵의 도전장

⑭ 집 ❺ 탁 ❼ 자 ⑪ 웅 ⑫ 탈 ❶ 선 ⑯ 초 ❸ 분

p18~21 조각 퍼즐 그림 맞추기 ① ②

 貫

 寶

財

 實

p22~23 지금 딱 맞는 단어는?

❶ 산적 ❷ 관통 ❸ 보물 ❹ 빈부

이제 끝!
4권에서 또 만나.

아이들에게 한자를 가르치며 알려 주고 싶었던
내용이 다 들어 있다. 한자가 만들어진 원리, 어휘,
옛사람들의 생활까지. 정말 매력적인 한자책이다.

노윤희(발곡초등학교 교사)

학습 부담감은 없고, 학습 효과는 높고!
우리 아이들에게 딱 맞는 한자책이다.

이상명(감정초등학교 교사)

어린이 눈높이에 맞춘 흥미로운 한자책!
재미와 공부를 모두 잡았다.

김현정(청구초등학교 교사)

지레 겁먹고 한자를 어렵다고 생각하던
아이들도 이 책을 보면 달라질 것이다.

박지선(구남초등학교 교사)

www.greatbooks.co.kr